Impressum
Verlag: BABADADA GmbH, Nedderfeld 112 , 22529 Hamburg
Geschäftsführer / Verlagsleitung: Harald Hof
Druck: Books on Demand GmbH, In de Tarpen 42, 22848 Norderstedt

Imprint
Publisher: BABADADA GmbH, Nedderfeld 112 , 22529 Hamburg, Germany
Managing Director / Publishing direction: Harald Hof
Print: Books on Demand GmbH, In de Tarpen 42, 22848 Norderstedt, Germany

baba

школа

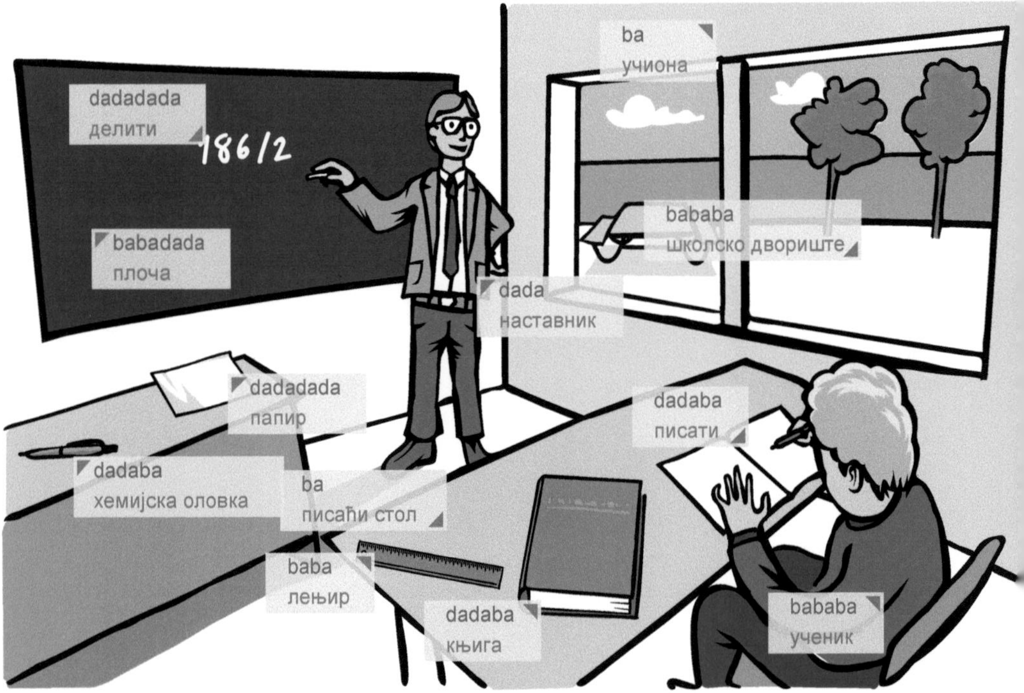

ba
учиона
dadadada
делити
186/2
bababa
школско двориште
babadada
плоча
dada
наставник
dadadada
папир
dadaba
писати
dadaba
хемијска оловка
ba
писаћи стол
baba
лењир
dadaba
књига
bababa
ученик

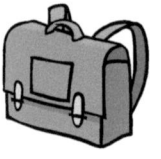

dadaba

торба

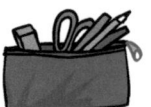

dada

перница

bababa

графитна оловка

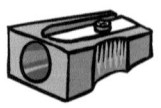

dadaba

шиљило за оловке

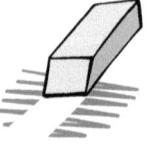

baba

гумица за брисање

ba

блок за цртање

bababa

цртеж

ba

кист

dada

кутија са бојама

babadada

маказе

dadaba

лепило

dadadada

бележница

babadada

домаћи задатак

bababa

број

dadaba

сабирати

bababa

одузимати

badada

множити

dadababa

рачунати

babababa

слово

babababa

абецеда

dada

реч

babadada

текст

dadadada

читати

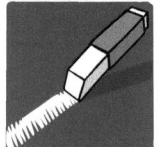

dada

креда

babababa

час

ba

дневник

baba

испит

babababa

сведочанство

babadada

школска униформа

babababa

образовање

dadababa

лексикон

babababa

универзитет

dadababa

микроскоп

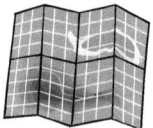

bababa

карта

babadada

кошара за папир

путовање

babadada
хотел
Grand
dadaba
преноћиште
ROOMS
EXCHANGE
dadadada
мењачница
dada
кофер
ado
ауто

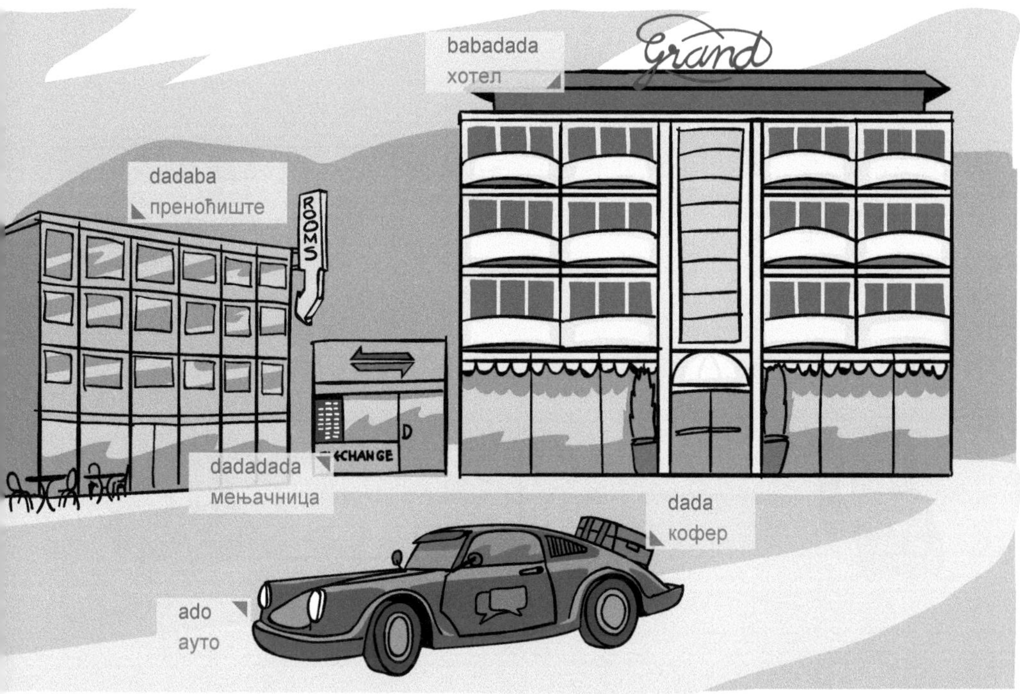

dadadada
језик

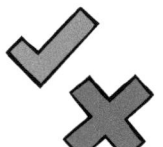

da / meh
да / не

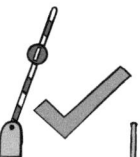

Oh
океј

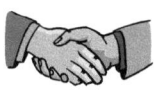

ba
здраво

dada
преводилац

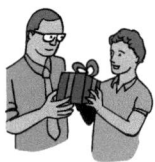

dada
хвала

bababababa
....
Колико кошта...?

ah
....
не разумем

dadaba
....
проблем

ba dada
....
добро вече!

babadada
....
Добро јутро!

heia!
....
Лаку ноћ!

dadaba
....
довиђења

badada
....
смер

dada
....
пртљага

bababababa
....
торба

bababababa
....
руксак

baba
....
гост

dadadada
....
соба

dadadada
....
врећа за спавање

dada
....
шатор

dadadada

туристичке информације

badada

плажа

babadada

кредитна картица

dadababa

доручак

baba

ручак

bababa

вечера

dada

карта за вожњу

dada

лифт

babadada

поштанска маркица

badada

граница

dadaba

царина

babadada

амбасада

dadaba

виза

dada da da da

пасош

dadadada

транспорт

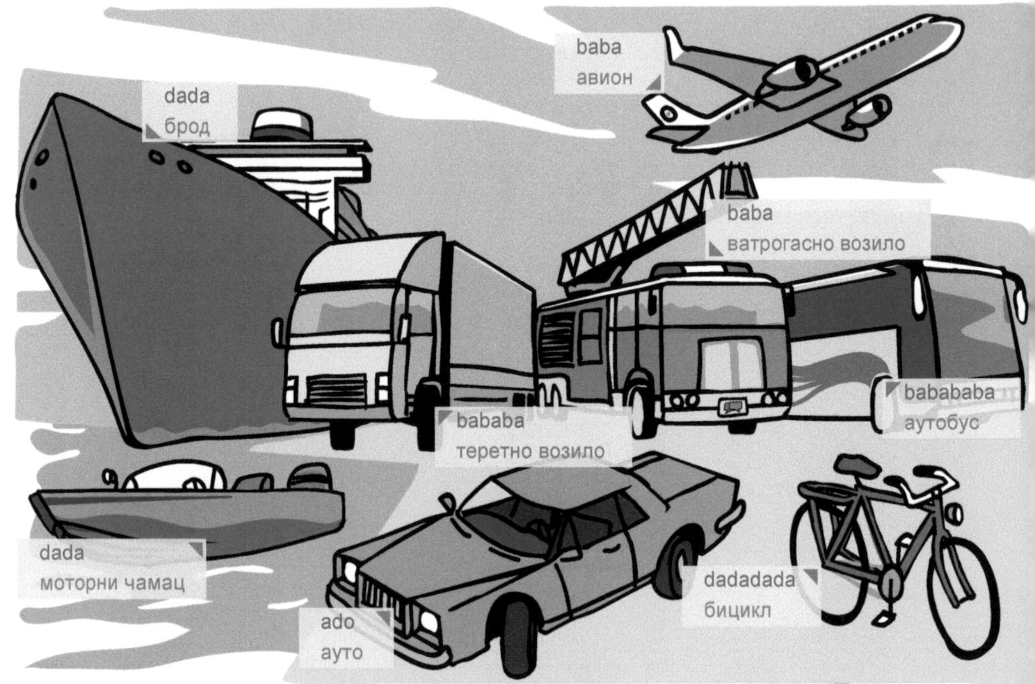

baba
авион
dada
брод
baba
ватрогасно возило
bababa
теретно возило
babababa
аутобус
dada
моторни чамац
dadadada
бицикл
ado
ауто

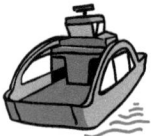

babadada

трајект

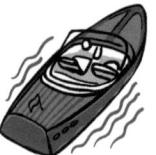

baba

чамац

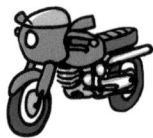

bababa

мотоцикл

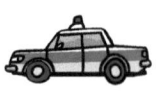

ado

полицијски ауто

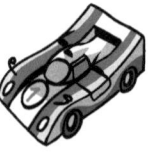

ado

тркаћи ауто

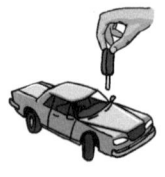

auto

изнајмљено ауто

dada

делење аутомобила

ado

вучно возило

ado

возило за одвоз смећа

brumbrum!

мотор

bababa

бензин

dada

бензинска станица

dadaba

саобраћајни знак

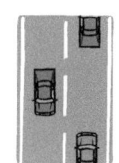

badada

саобраћај

ado ado

застој

babadada

паркиралиште

babababa

железничка станица

dada

шине

dadaba

воз

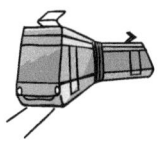

baba

трамвај

dadaba

вагон

baba

хеликоптер

baba

аеродром

dadaba

кула

baba

путник

badada

контејнер

dada

картон

baba

колица

dadadada

корпа

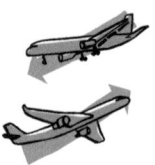

da / bada

узлетети / слетети

dadaba

град

bababa

село

dadababa

центар града

dadaba

кућа

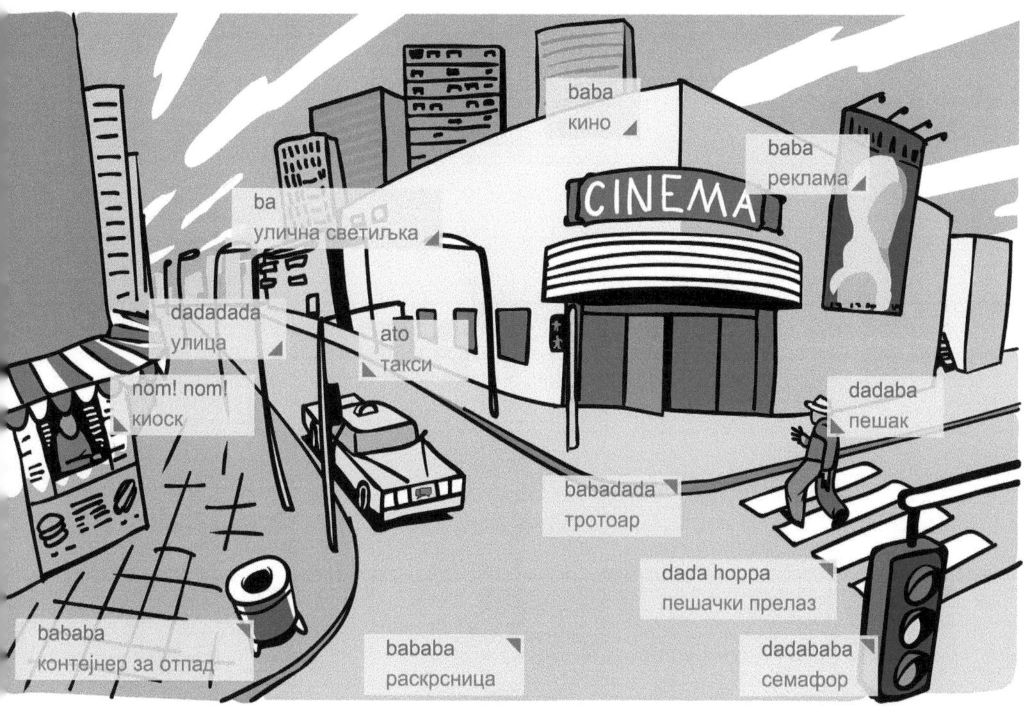

baba
кино
baba
реклама
CINEMA
ba
улична светиљка
dadadada
улица
ato
такси
nom! nom!
киоск
dadaba
пешак
babadada
тротоар
dada hoppa
пешачки прелаз
bababa
контејнер за отпад
bababa
раскрсница
dadababa
семафор

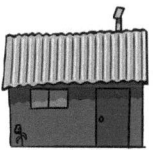

babadada

колиба

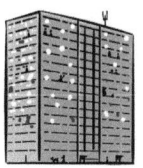

dadadada

стан

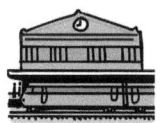

babababa

железничка станица

dadaba

већница

MUSEUM

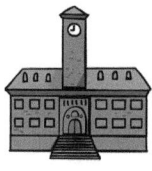

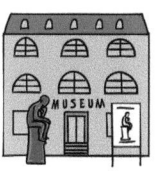

bababa

музеј

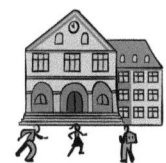

baba

школа

babababa

универзитет

dadadada

банка

aua!

болница

babadada

хотел

aua!

апотека

baba

канцеларија

bababa

књижара

ba

продавница

dadaba

цвећара

dada nom nom

супермаркет

dadadada

трг

dadadada

робна кућа

nom! nom!

рибарница

baba

трговачки центар

ba

лука

dadadada

парк

baba

клупа

bababab a

мост

dadadada

степенице

bababa

подземна железница

baba

тунел

ba

аутобуска станица

babababa

бар

nom nom!

ресторан

dadaba

поштанско сандуче

dada

улични знак

baba

паркирни аутомат

bababa

зоолошки врт

dada

базен

baba

џамија

dadaba
....
сеоско газдинство

dadababa
....
загађење околине

bababa
....
гробље

ba
....
црква

dadababa
....
игралиште

bababa
....
храм

dada

пејсаж

baba
лист

baba
путоказ

dada
пут

bababa
ливада

baba
камен

dada
шетач

dadababa
дрво

bababa
река

dada
трава

mama!
цвет

badada

долина

bababa

планина

dadadada

језеро

dadadada

шума

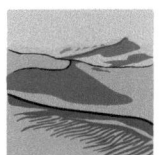

dadababa

пустиња

dadaba

вулкан

babababa

дворац

dadaba

дуга

bababa

гљива

dadababa

палма

aua!

москито

badada

мува

dadababa

мрав

summ summ

пчела

dada

паук

dadaba

буба

quak

жаба

dadababa

веверица

dadaba

јеж

baba

зец

gackgack

сова

gackgack

птица

gackgack

лабуд

babadada

дивља свиња

dadadada

јелен

dadadada

лос

dadadada

насип

ba

ветрењача

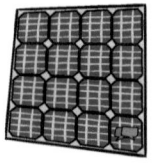

dadadada

соларна плоча

bababa

клима

dadadada
конобар

baba
јеловник

dadaba
столица

nom! nom!
супа

nom nom!
пица

ba
прибор за јело

babababa
столњак

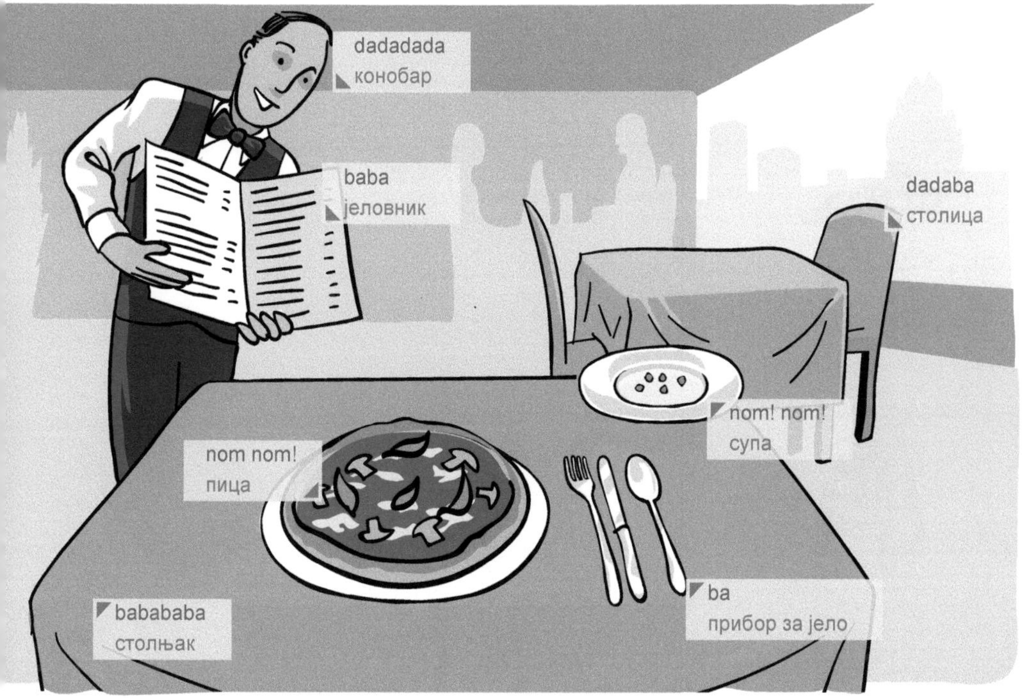

nom! nom!

предјело

nom! nom!

главно јело

nom nom!

десерт

dadababa

напитци

nom nom!

јело

nom nom!

флаша

nom! nom!

брза храна

nom! nom!

имбис храна

babababa

чајник

nom! nom!

доза за шећер

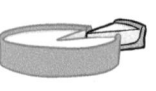

nom nom!

порција

dadaba

апарат за еспресо

bababa

висока столица

ba

рачун

bababa

послужавник

ba

нож

babadada

виљушка

dadaba

кашика

bababa

чајна кашика

dadaba

салвета

ba

чаша

nom nom! - ресторан

nom nom!

тањир

bababa

тањир за супу

bababa

тањирић

nom! nom!

сос

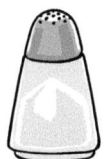

dadadada

сољенка

dadaba

млин за бибер

bähbäh

сирће

dadababa

уље

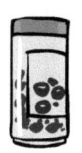

dadababa

зачини

nom! nom!

кечап

nom! nom!

сенф

nom nom!

мајонеза

dada nom nom

супермаркет

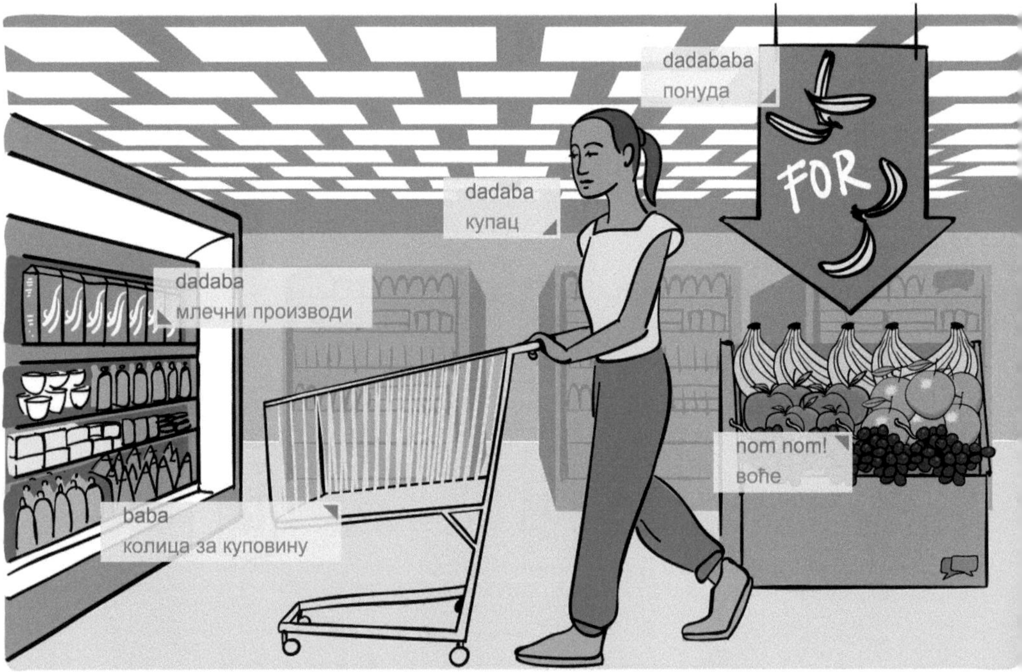
dadababa
понуда
dadaba
купац
FOR
dadaba
млечни производи
nom nom!
воће
baba
колица за куповину

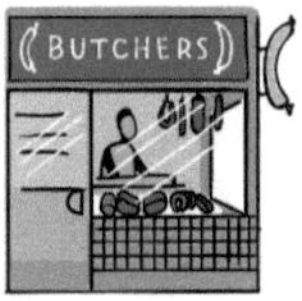
BUTCHERS

dadaba

месница

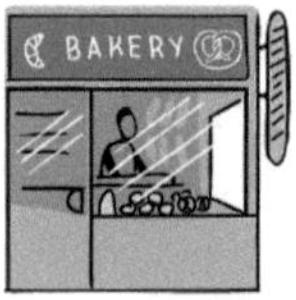
BAKERY

nom! nom!

пекара

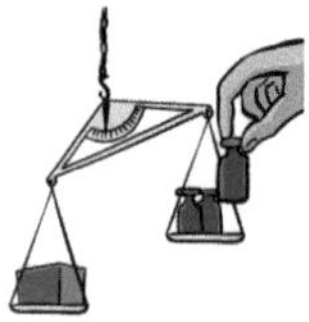

bababa

вагати

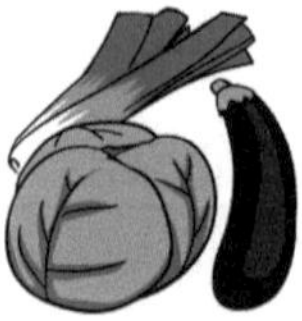

bähbäh

поврће

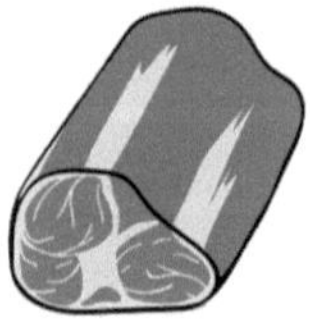

nom nom!

месо

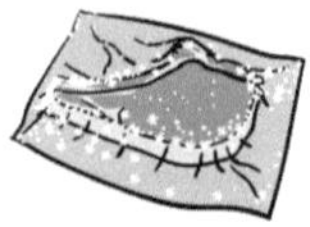

nomnom

смрзнута храна

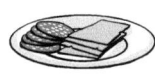

nom nom!

нарезак

nomnom

конзерве

bababa

средство за прање

baba

слаткиши

dadaba

артикли за домаћинство

dadababa

средства за чишћење

bababa

продавачица

bababa

благајна

dadaba

благајник

dada

листа за куповину

dadababa

време рада

baba

новчаник

babadada

кредитна картица

dadababa

торба

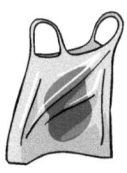

dadababa

пластична кеса

wasa

вода

dadadada

сок

badada

млеко

ba

кола

bababa

вино

dadadada

пиво

dadaba

алкохол

bababa

какао

dadababa

чај

dada

кава

dadaba

еспресо

dadababa

капућино

nane

банана

nom nom!

јабука

bababa

наранџа

nom nom!

лубеница

nom nom!

лимун

bähbäh

шаргарепа

bada meh

бели лук

dadaba

бамбус

dadaba

лук

nom nom!

гљива

nom nom!

орашасти плодови

nom nom!

резанци

nom nom!

шпагете

nom nom!

рижа

nom nom!

салата

nom nom!

помфрит

nom nom!

печени крумпир

nom nom!

пица

nom nom!

хамбургер

nom nom!

сендвич

nom nom!

шницла

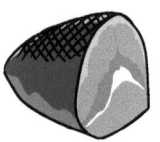

nom nom!

шунка

nom nom!

салама

nom nom!

кобасица

gack gack

кокош

nom nom!

печење

nom nom!

риба

nom nom! - јело

nom nom!

зобене пахуљице

bähbäh

мусли

nom nom!

кукурузне пахуљице

nom nom!

брашно

nom nom!

кроасан

babadada

пециво

nom! nom!

хлеб

nom nom!

тоаст

nom nom!

кекси

nom nom!

маслац

nom nom!

свежи сир

nom nom

колач

dadaba

jaje

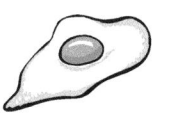

nom nom!

jaje на око

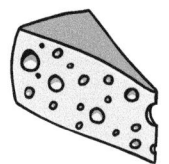

bada muh

сир

nom nom!

сладолед

nom nom!

шећер

baba summ

мед

nom nom!

мармелада

nom nom!

нугат крема

babadada

кари

dadaba

сеоско газдинство

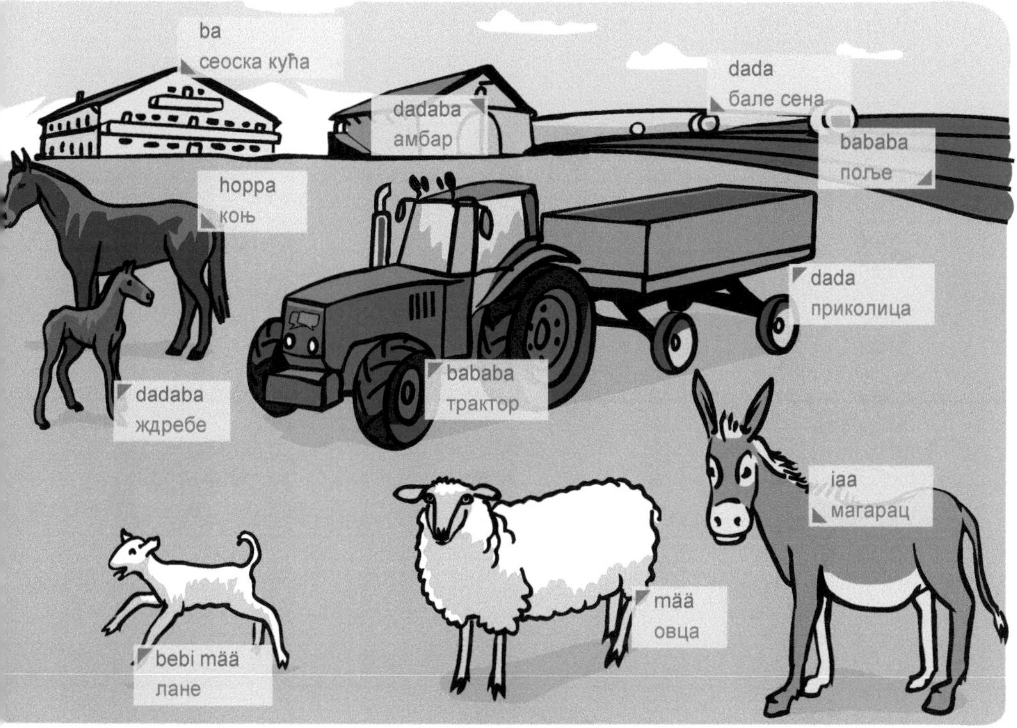
ba
сеоска кућа
dadaba
амбар
dada
бале сена
bababa
поље
hoppa
коњ
dada
приколица
bababa
трактор
dadaba
ждребе
iaa
магарац
mää
овца
bebi mää
лане

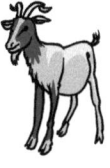

baba

коза

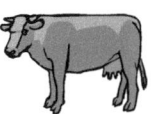

muh

крава

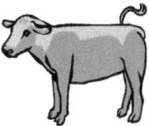

mimuh

теле

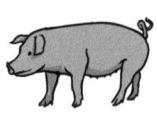

mama oink

свиња

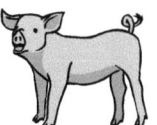

oink

прасе

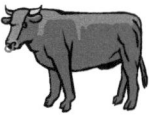

dadadada

бик

gackgack

гуска

gackquack

патка

gacki

пилићи

gackgack

кокош

gacko

петао

dada

пацов

mau

мачка

bababa

миш

muh

вол

wauwau

пас

wauwau

кућица за пса

baba

вртно црево

dadababa

канта за поливање

baba

коса

dadababa

плуг

baba

срп

dadadada

мотика

dada

виљушка за ђубриво

bababa

секира

babababa

тачке

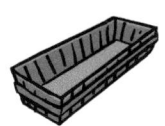

baba

корито

dada muh

посуда за млеко

dadababa

вреħа

badada

ограда

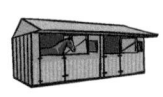

dadadada

штала

ba

стакленик

babadada

земља

baba

семе

baba

ђубриво

dadababa

комбајн

bababa

жети

dadadada

жетва

dadaba

јамс зачин

dadababa

пшеница

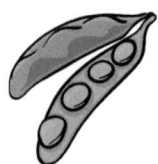

dadababa

соја

bababa

крумпир

badada

кукуруз

bababa

уљана репица

bababa

воћка

dadadada

гомољ маниоке

dadababa

житарице

dadaba - сеоско газдинство

dadaba
кућа

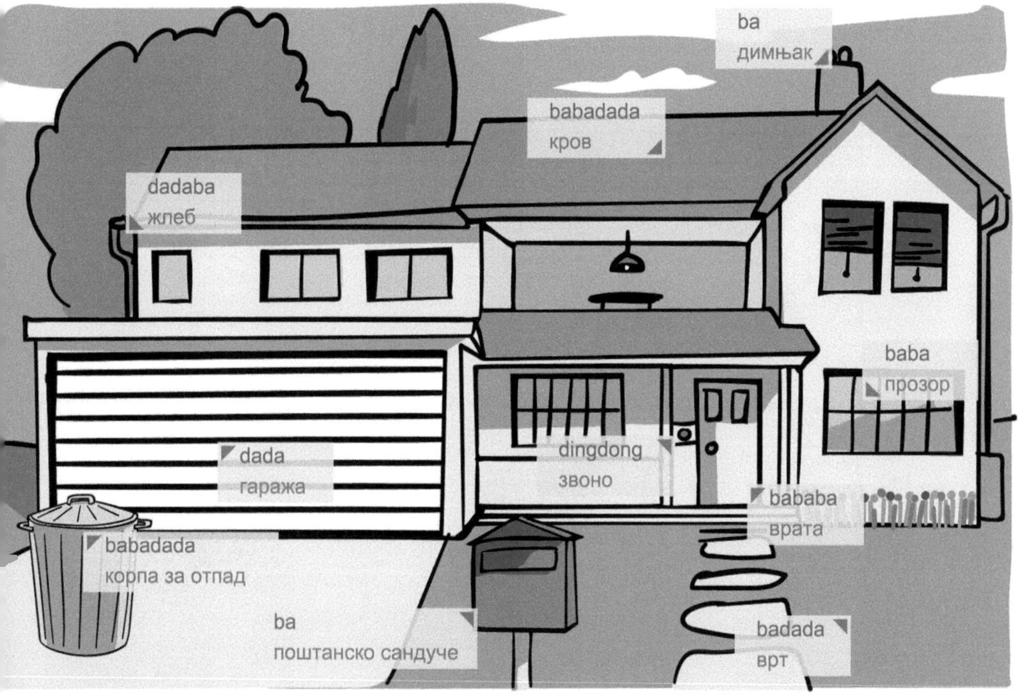
ba
димњак
babadada
кров
dadaba
жлеб
baba
прозор
dada
гаража
dingdong
звоно
bababa
врата
babadada
корпа за отпад
ba
поштанско сандуче
badada
врт

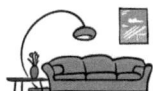

dadadada
дневна соба

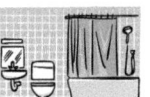

bababa
купаоница

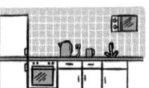

bababa
кухиња

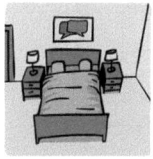

dadababa
спаваћа соба

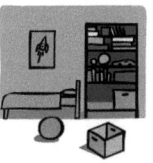

meina
дечија соба

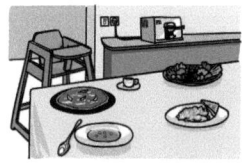

dadaba
трпезарија

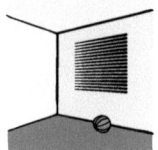

badada

под

dadababa

зид

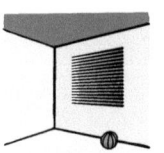

bababa

строп

dada

подрум

dadababa

сауна

babababa

балкон

dadadada

тераса

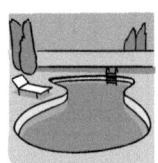

bababa

базен

baba

косилица за траву

dadaba

постељина за кревет

babadada

дека за кревет

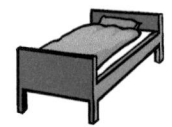

heia!

кревет

dada

метла

dadaba

канта

dadababa

прекидач

dadadada

дневна соба

dadadada
тапета
badada
слика
badada
светиљка
dadadada
регал
ba
ормар
dada gucki
телевизија
dadababa
камин
mama!
цвет
baba
јастук
dada
кауч
dadaba
ваза
baba
даљински управљач

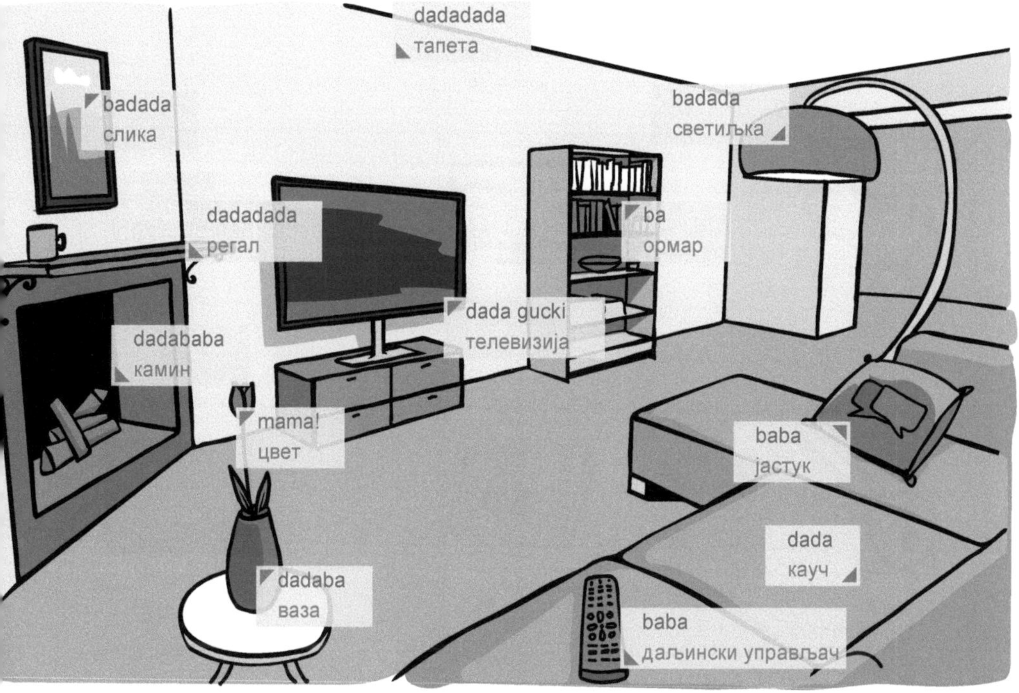

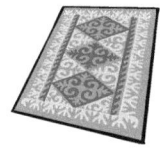

dada

тепих

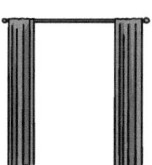

bababa

завеса

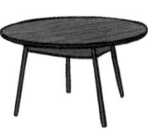

ba

сто

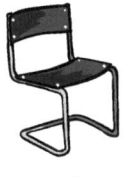

dadaba

столица

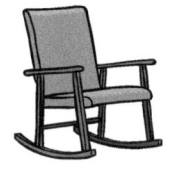

dadadada

столица за њихање

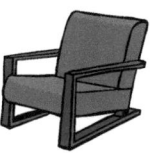

bababa

фотеља

dadaba

књига

dadadada

дека

dadaba

декорација

ba

дрво за огрев

dadadada

филм

lala

хи-фи уређај

babadada

кључ

dadadada

новине

dadadada

слика на платну

bababa

постер

lala

радио

dadababa

блок за писање

babadada

усисивач

aua!

кактус

babadada

свећа

bababa
кухиња

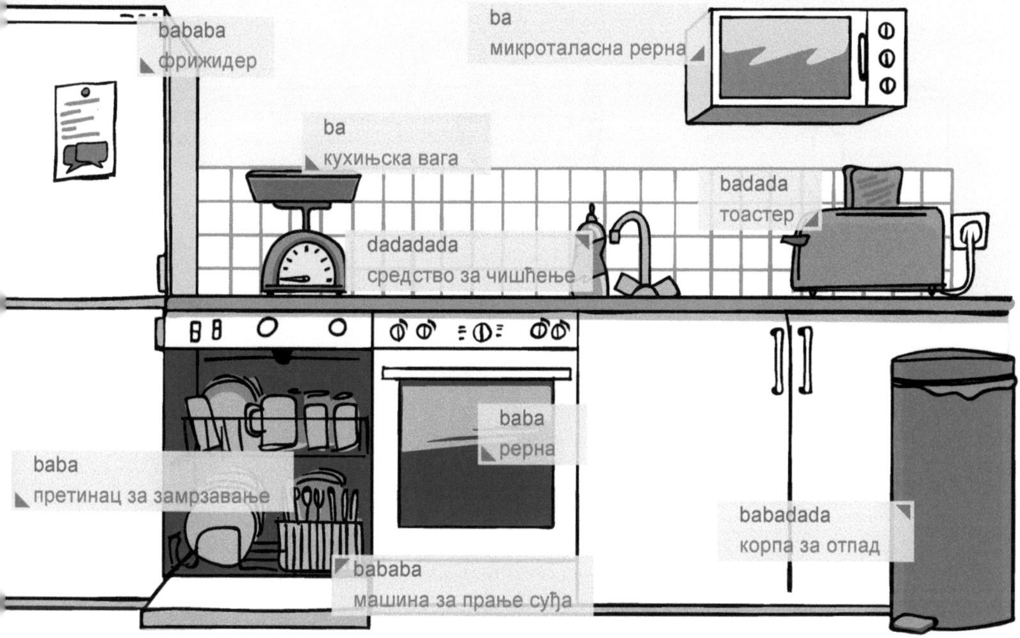

bababa
фрижидер
ba
микроталасна рерна
ba
кухињска вага
badada
тоастер
dadadada
средство за чишћење
baba
рерна
baba
претинац за замрзавање
babadada
корпа за отпад
bababa
машина за прање суђа

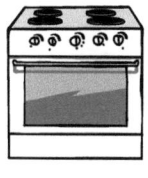

dada

шпорет

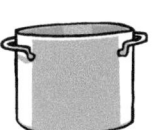

dada

лонац

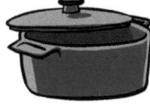

dada

гвоздени лонац

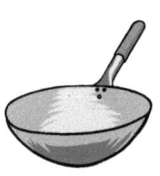

baba / dada

вок / кадаи

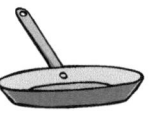

badada

тава

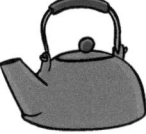

ba

кувало за воду

dadababa
....
кувало на пару

bababa
....
лим за печење

dadaba
....
посуђе

dadadada
....
чаша

dadaba
....
посуда

baba
....
штапићи за јело

dadaba
....
кутлача

dadadada
....
лопатица

badada
....
пењача

dada
....
сито за кување

bababa
....
сито

baba
....
рибеж

dadababa
....
мужар

dada
....
роштиљ

aua!
....
огњиште

dadababa

даска

babababa

оклагија

dadababa

вадичеп

dadadada

конзерва

bababa

отварач конзерви

dadababa

крпа за лонац

dadadada

судопер

dadababa

четка

ba

сунђер

aua!

миксер

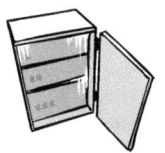

babadada

замрзивач

bababa

флашица за бебе

dadadada

славина за воду

bababa

купаоница

babadada
грејање
bababa
туш
ba
пешкир
babababa
завеса за туш
wasa
пенушава купка
baba
када
ba
чаша
baba
машина за прање веша
dadadada
славина за воду
badada
плочице
kaka
тута
dadadada
судопер

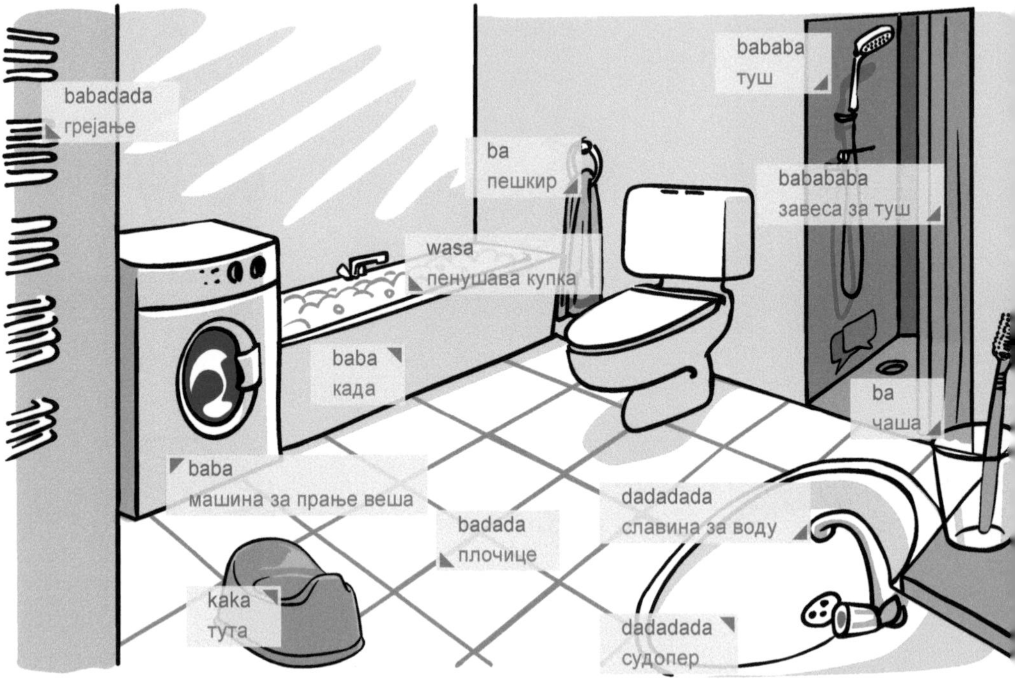

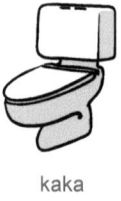

kaka
тоалет

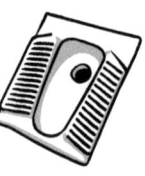

ba
чучавац

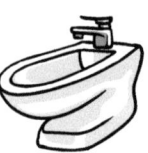

dadababa
бидет

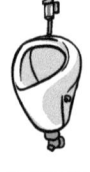

dadababa
писоар

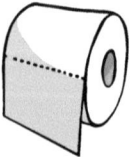

kaka
тоалетни папир

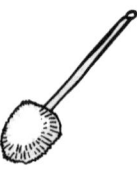

bababa
четка за тоалет

bababa

четкица за зубе

nom! nom!

паста за зубе

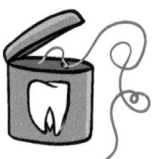

dadadada

конац за зубе

bababa

прати

babababa

туш ручица

dadadada

туш за прање интимних делова

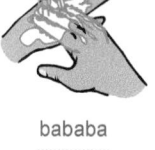

badada

лавор

dadadada

четка за прање леђа

nom! nom!

сапун

nom! nom!

гел за тушрање

nom! nom!

шампон

babadada

крпа за прање

dadaba

одвод

nom! nom!

крема

babababa

дезодоранс

dadadada

огледало

dadadada

козметичко огледало

ba

бријач

nom! nom!

пена за бријање

nam! nam!

лосион за после бријања

dadababa

чешаљ

baba

четка

dadadada

фен за косу

badada

спреј за косу

dadaba

шминка

mama!

руж за усне

ba

лак за нокте

bababa

вата

dadadada

маказе за нокте

bababa

парфем

dadadada

козметичка торбица

bababa

столица

dadadada

вага

ba

огртач

babababa

рукавице за чишћење

ba

тампон

bababa

уложак

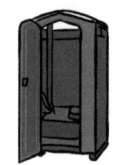

baba

хемијски тоалет

meina

дечија соба

bababa
будилник
bababa
плишана играчка
auto
ауто играчка
dadadada
звечка
bababa
кућица за лутке
babababa
поклон

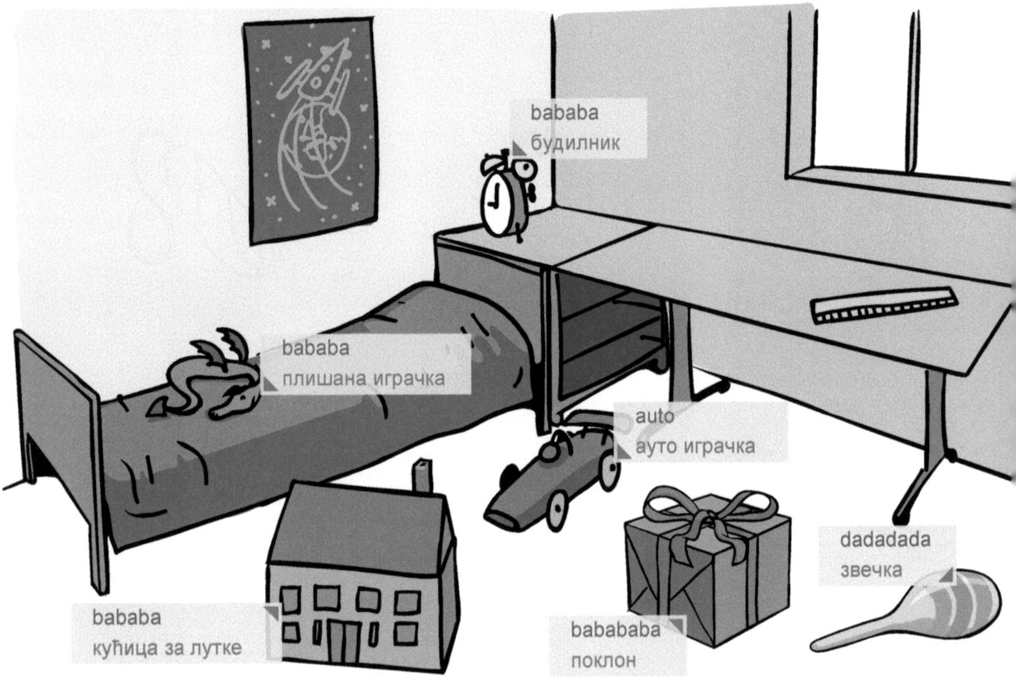

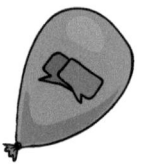

dadadada

балон

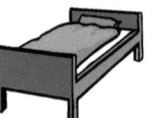

heia!

кревет

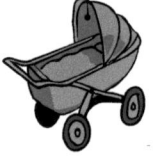

dadaba

дјечија колица

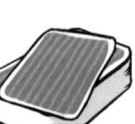

dadababa

игра са картама

bababa

слагалица

SUPER
MEGA

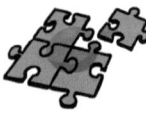

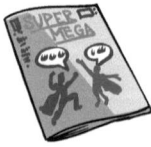

dadababa

стрип

badada

лего коцкице

badada

коцкице за слагање

dada

акциони јунак

dadadada

бенкица за бебе

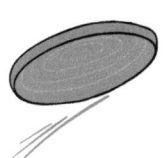

dadaba

фризби

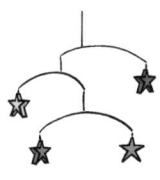

dadaba

висеће играчке

ba

друштвене игре

baba

коцка

dadababa

минијатурна жељезница

lula

дуда

baba

забава

dadaba

сликовница

dada

лопта

dada

лутка

badada

играти

dadaba

пешчаник

babababa

љуљачка

dadababa

играчка

dadaba

конзола за игре

babadada

трицикл

dadababa

теди

dadaba

ормар

baba

одећа

dadadada

кратке чарапе

ba

чарапе

dada

хулахопке

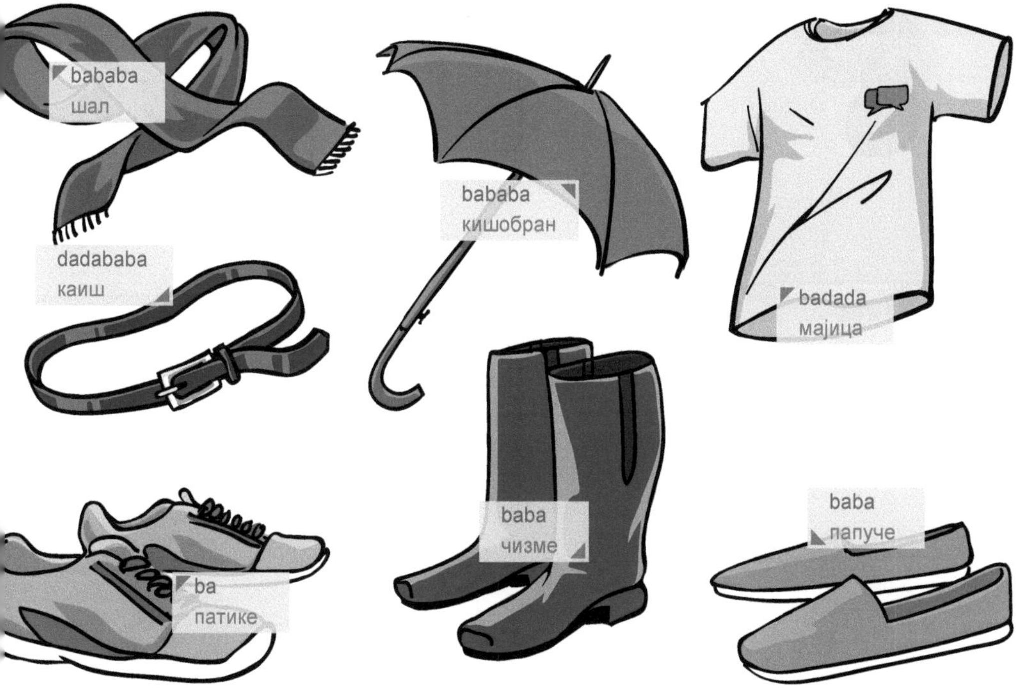

bababa
шал

dadababa
каиш

bababa
кишобран

badada
мајица

baba
чизме

baba
папуче

ba
патике

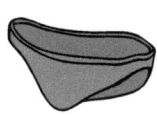

bababa
················
сандале

badada
················
ципеле

dada
················
гумене чизме

ba
················
гаћице

baba
················
грудњак

dadadada
················
поткошуља

badada

боди

ba

панталоне

bababa

фармерке

dada

сукња

bababa

блуза

dadadada

кошуља

baba

џемпер

baba

џемпер с капуљачом

babadada

сако

baba

јакна

bababa

мантил

dadababa

кабаница

bababa

костим

ba

хаљина

dadaba

венчаница

dadadada
одело

babababa
спаваћица

heia
пиџама

baba
сари

dadadada
марама за главу

dada
турбан

dada
бурка

baba
кафтан

dadadada
абаја

wasa
купаћи костим

bababa
купаће гаћице

dadababa
кратке панталоне

babababa
одећа за тренинг

baba
кецеља

babababa
рукавице

dadaba

дугме

babadada

наочаре

dada

наруквица

dadababa

огрлица

bababa

прстен

dadababa

наушница

dada

капа

babadada

вешалица

dadababa

шешир

bababa

кравата

badada

патент затварач

dadaba

кацига

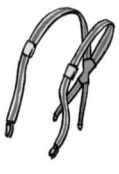

dada

нараменице

babadada

школска униформа

babababa

униформа

namnam
подбрадак

lula
дуда

kaka!
пелена

baba
канцеларија

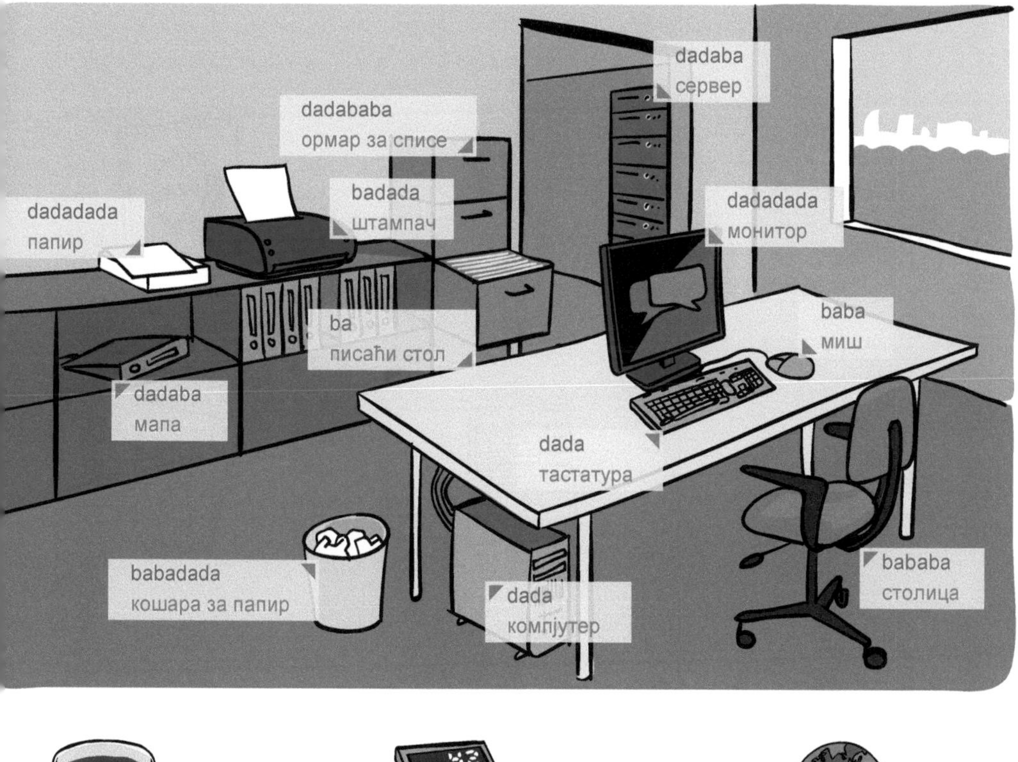

dadaba
сервер

dadababa
ормар за списе

dadadada
папир

badada
штампач

dadadada
монитор

ba
писаћи сто

baba
миш

dadaba
мапа

dada
тастатура

babadada
кошара за папир

dada
компјутер

bababa
столица

dada
шалица за каву

bababa
калкулатор

da da
интернет

papa!

лаптоп

dadababa

писмо

ba

порука

fon

мобилни телефон

bababa

мрежа

ba

уређај за копирање

bababa

софтвер

dada bing

телефон

aua!

утичница

bababa

факс

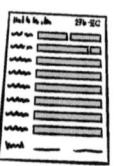

dadaba

формулар

bababa

документ

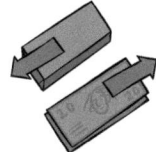

baba

куповати

dadadada

платити

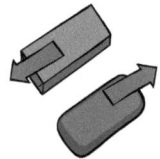

dadaba

трговати

badada

новац

babadada

долар

dadaba

евро

bababa

јен

ba

рубља

dada

швајцарски франак

dada

ренминдби јуан

ba

рупија

ba

аутомат за новац

dadadada

мењачница

dadadada

злато

baba

сребро

dadadada

нафта

ba

енергија

dadadada

цена

baba

уговор

bababa

порез

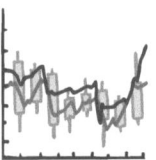

dadadada

деонице

dadaba

радити

dadadada

службеник

dadababa

послодавац

dadaba

фабрика

ba

продавница

baba
полицајац

dada
ватрогасац

babababa
кувар

aua!
лекар

bababa
пилот

bababa

вртлар

bababa

столар

baba

кројачица

bababa

судија

dadaba

хемичар

dadababa

глумац

ba
....
возач аутобуса

auto mann
....
возач таксија

babababa
....
рибар

dadadada
....
чистачица

dadadada
....
кровопокривач

dadadada
....
конобар

badada
....
ловац

dadadada
....
сликар

dadababa
....
пекар

papa!
....
електричар

babababa
....
грађевински радник

bababa
....
инжењер

dadababa
....
месар

dadadada
....
лимар

bababa
....
поштар

dadadada

војник

ba

архитекта

dadaba

благајник

bababa

цвећар

babadada

фризер

bababa

кондуктер

dadaba

механичар

dada

капетан

badada

зубар

ba

научник

bababa

раби

dadaba

имам

dada

монах

dadadada

свећеник

dada
алати

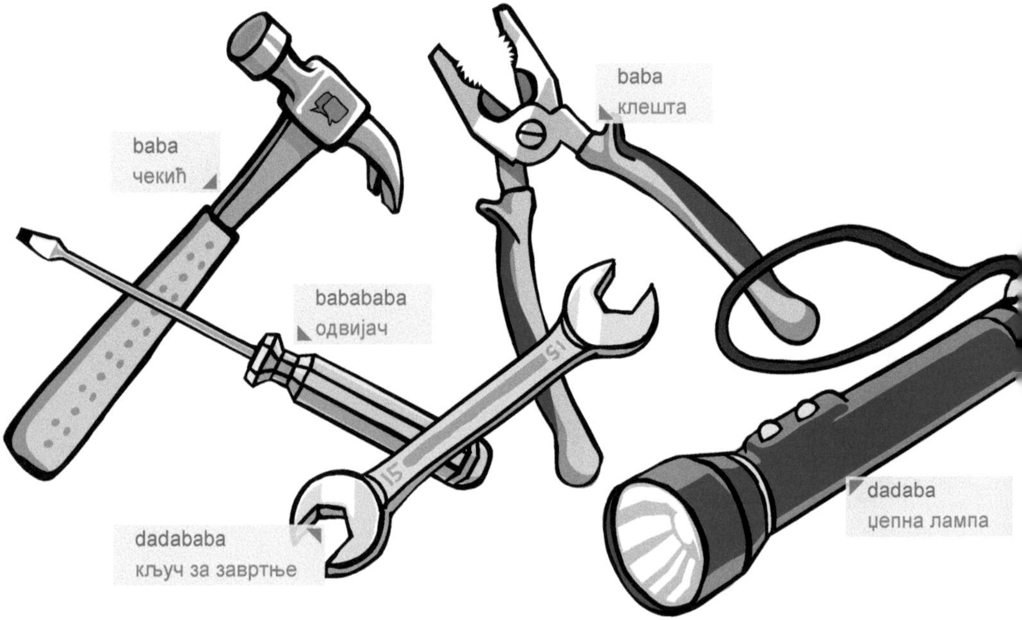
baba
чекић
baba
клешта
babababa
одвијач
dadababa
кључ за завртње
dadaba
џепна лампа

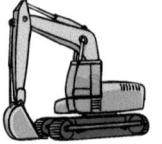

dadaba

багер

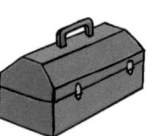

baba

кутија за алат

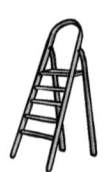

babababa

мердевине

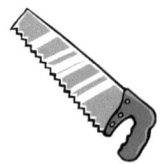

dadaba

пила

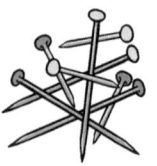

babadada

ексер

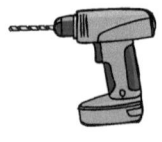

dada

бушилица

dadababa
....
поправити

dada
....
лопата

aua!
....
до ђавола!

dada
....
лопатица

dadaba
....
лонац за боју

bababba
....
завртањи

bababa
музички инструмент

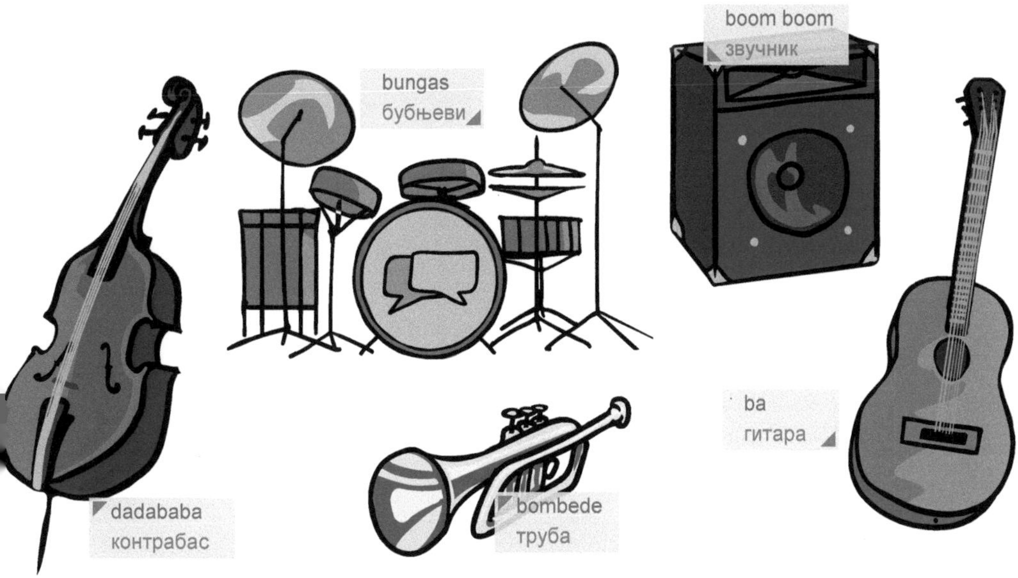

bungas
бубњеви

boom boom
звучник

ba
гитара

dadababa
контрабас

bombede
труба

bingbing

клавир

bababa

виолина

ba

бас

badada

тимпани

bunga bunga

удараљке за бубњеве

badada

типке клавира

dadababa

саксофон

dadababa

флаута

dadadada

микрофон

bababa

зоолошки врт

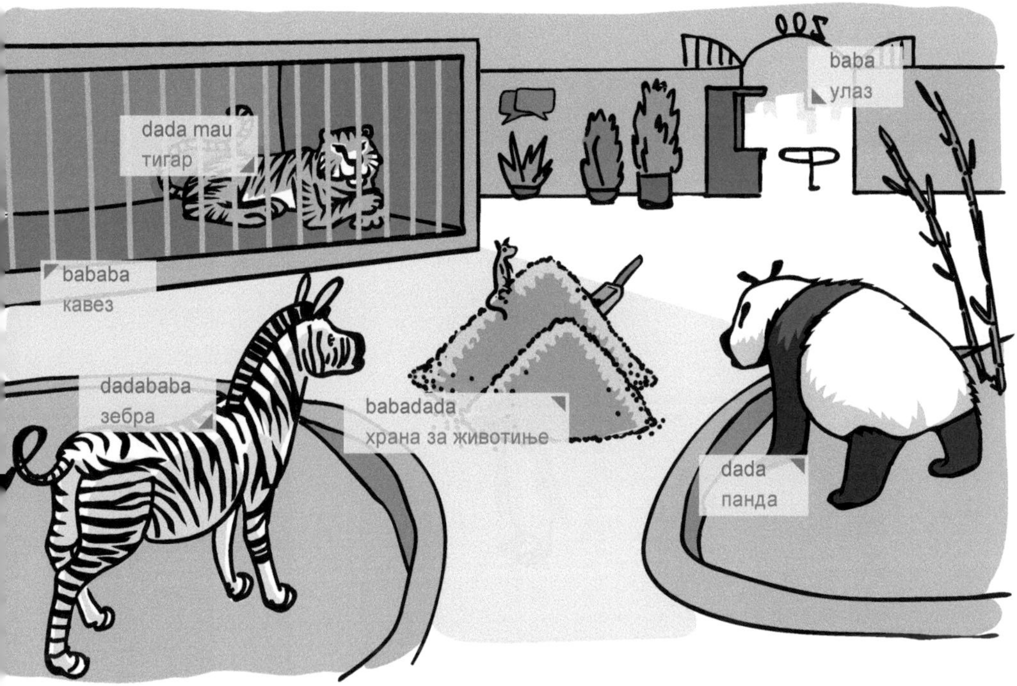

dada mau
тигар
baba
улаз
bababa
кавез
dadababa
зебра
babadada
храна за животиње
dada
панда

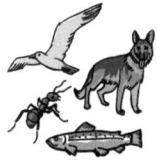

dadadada

животиње

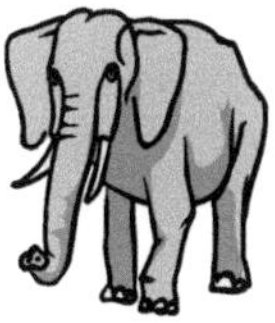

bababa

слон

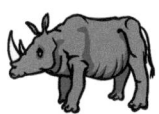

dadaba

кенгур

babadada

носорог

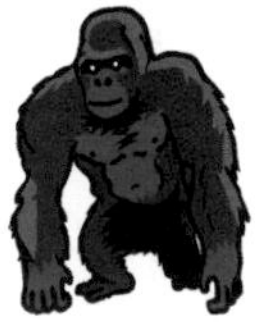

dada

горила

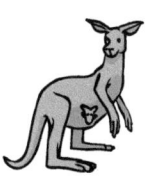

babababa

медвед

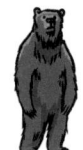

dadaba

камила

gackgack

нoj

babadada

лав

dadaba

мajмyн

gackgack

фламинго

bababa

папагаj

bababa

поларни медвед

dada

пингвин

bababa

аjкула

dadaba

паyн

badada

змиja

babababa

крокодил

dadadada

чyвар y зоолошком врту

dada

тyљан

bababa

jагyар

ei!

пони

dadadada

леопард

dada

нилски коњ

babababa

жирафа

bababa

орао

babadada

дивља свиња

nom nom!

риба

dadadada

корњача

anje

морж

dadadada

лисица

bababa

газела

dadababa
амерички ногомет

dadaba
бициклизам

bum bum
тенис

ball
кошарка

badada
пливање

aua!
бокс

baba
хокеј на леду

dadadada
фудбал

badada
бадминтон

dadababa
атлетика

ball
ракомет

dadadada
скијање

baba
поло

dadadada
активности

dada
скочити
dadababa
певати
babababa
загрлити
baba
смејати се
dada
ићи
dadadada
молити се
mama!
пољубити
dadababa
сањати

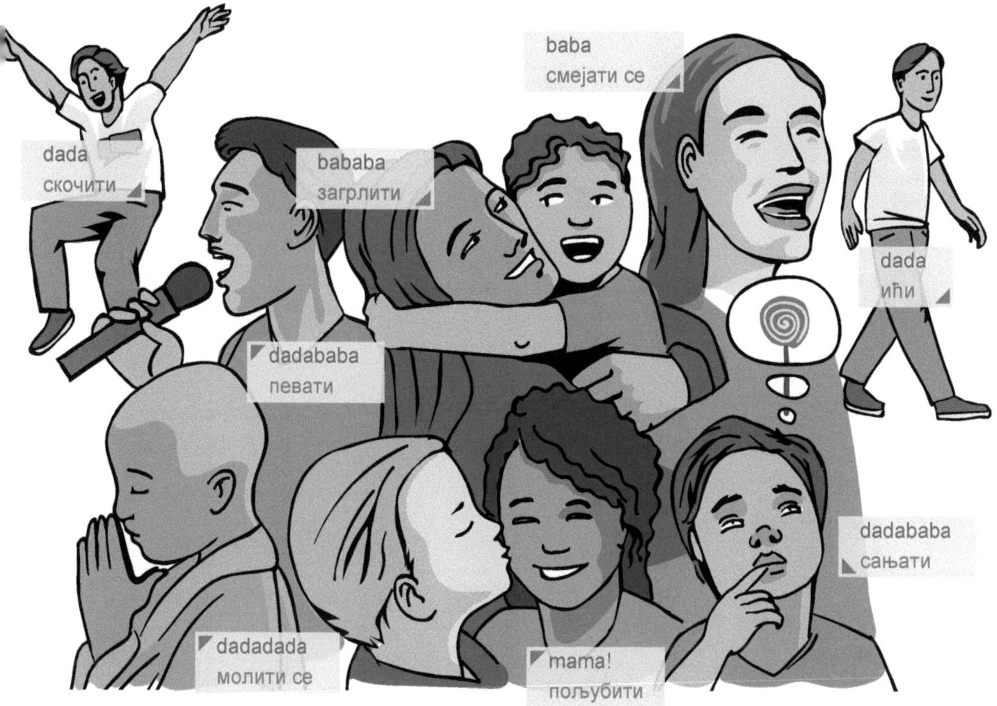

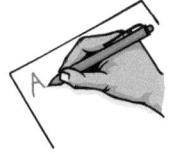

dadaba

писати

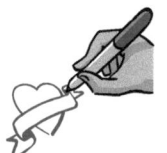

dada

цртати

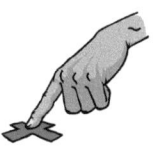

dadababa

показати

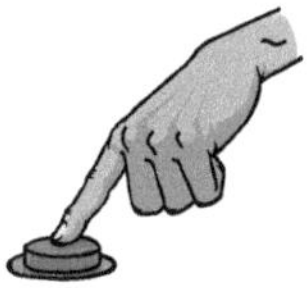

dada

гурати

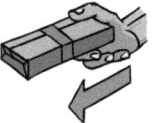

badada

дати

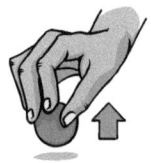

dadaba

узети

dadaba

имати

dadadada

чинити

babadada

бити

dadadada

стојати

baba

трчати

dadababa

повлачити

dadadada

бацити

dadaba

падати

badada

лежати

dadaba

чекати

bababa

носити

ba

седити

dadababa

облачити

heia!

спавати

bababa

пробудити се

dadadada - активности

babababa

гледати

baaaaaa

плакати

dadadada

миловати

bababa

чешљати

bababa

говорити

baba

разумети

badada

питати

dadababa

слушати

bababa

пити

nomnom!

јести

badada

поспремити

ba

волети

badada

кухати

dadababa

возити

dadadada

летети

dadababa

пловити

dadababa

рачунати

dadadada

читати

dadababa

учити

dadaba

радити

baba

венчати се

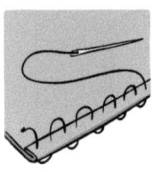

dada

шити

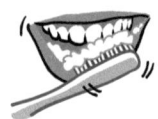

aua!

прати зубе

aua!

убити

dadababa

пушити

bababba

послати

dadadada - активности

oma!
бака

opa!
деда

papa!
отац

mama!
мајка

bebi
беба

ba
кћерка

badada
син

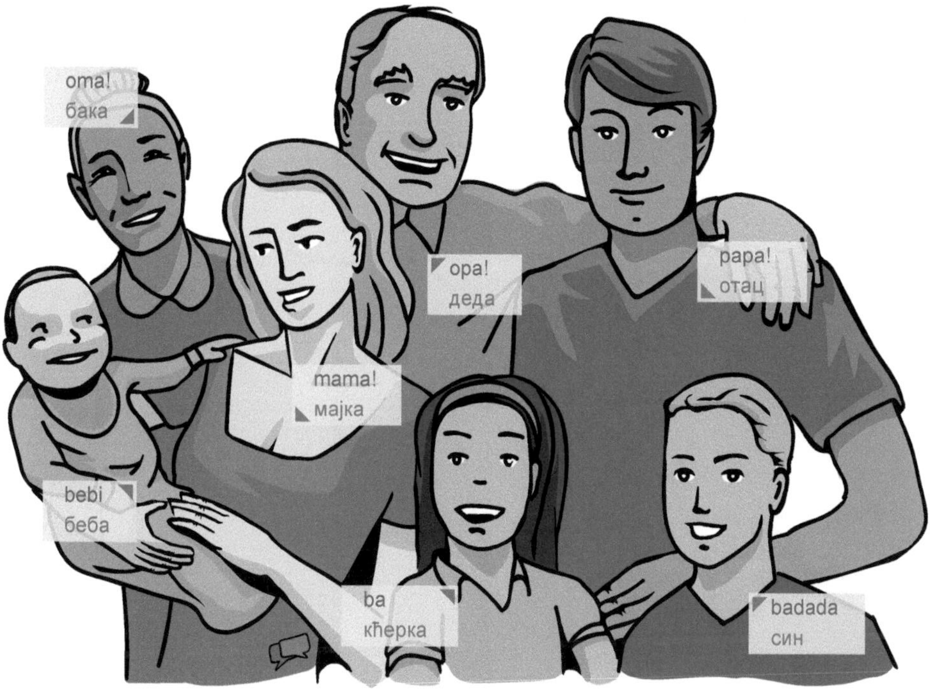

baba

гост

ba

тетка

bababa

ујак, стриц

nein!

брат

nein!

сестра

dadababa

тело

bababa
чело
dada
око
bababa
раме
dada
прст
dada
лице
dadababa
брада
baba
рука
dadaba
нога
da
груди
bababa
рука

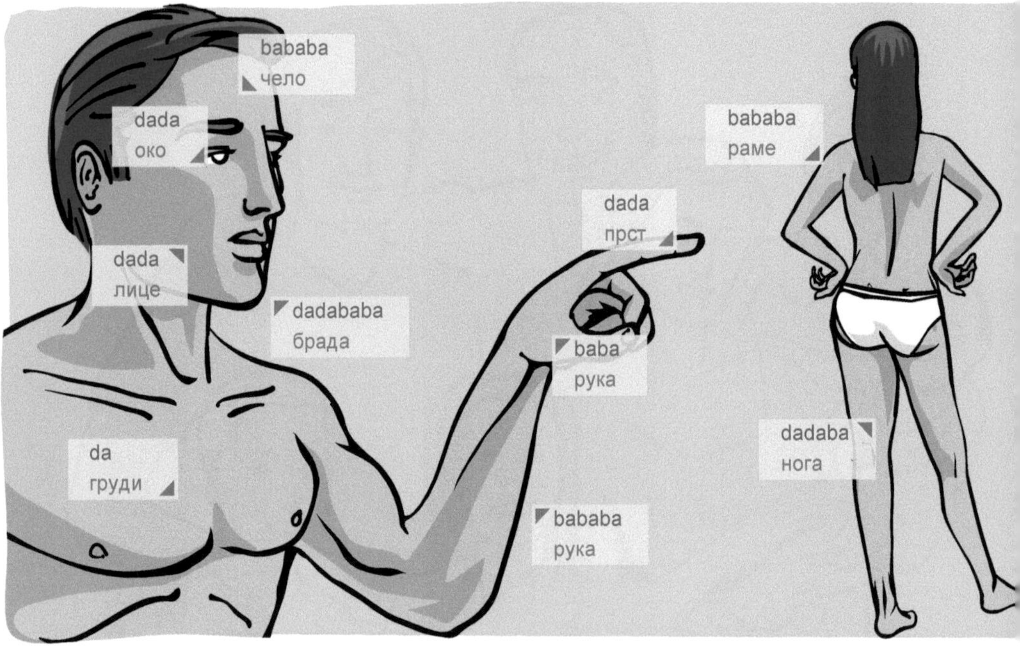

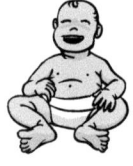

bebi

беба

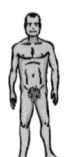

papa!

мушкарац

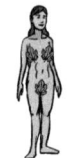

mama

жена

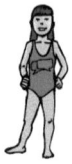

baba

девојчица

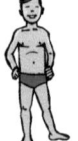

babadada

дечак

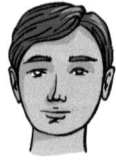

bababa

глава

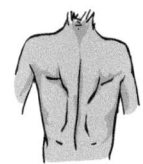

baba

леђа

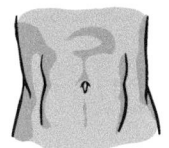

dadababa

стомак

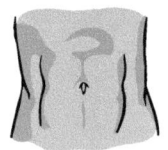

dada

пупак

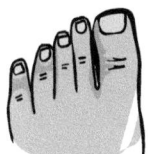

dadababa

ножни прст

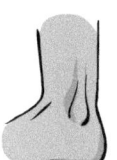

ba

пета

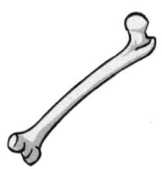

badada

кост

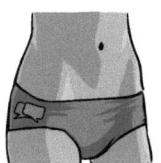

bababa

кукови

dada

колено

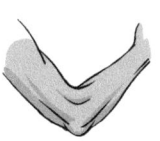

dadadada

лакат

bababa

нос

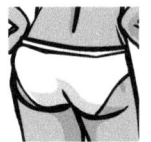

popo

задњица

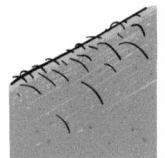

dadaba

кожа

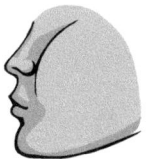

badada

образ

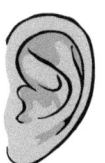

dada

уво

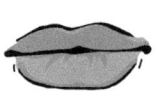

babababa

усна

dadababa
....
уста

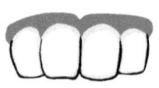

dadadada
....
зуб

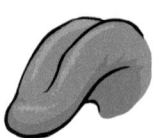

baba
....
језик

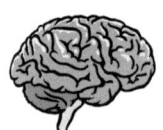

dadadada
....
мозак

baba
....
срце

dada
....
мишић

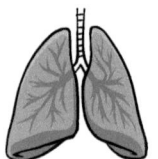

dada
....
плућа

dada
....
јетра

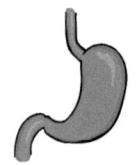

dadababa
....
желудац

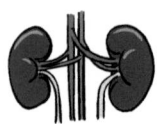

dadaba
....
бубрези

babadada
....
полни однос

dada
....
кондом

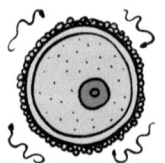

badada
....
јајна ћелија

dadababa
....
сперма

dadababa
....
трудноћа

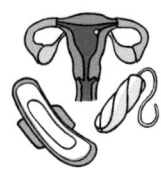

ba
....
менструација

mumu
....
вагина

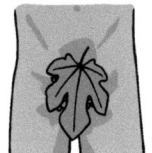

pipi
....
пенис

dada
....
обрва

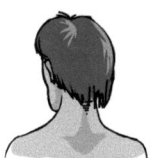

dadababa
....
коса

bababa
....
врат

dadababa - тело

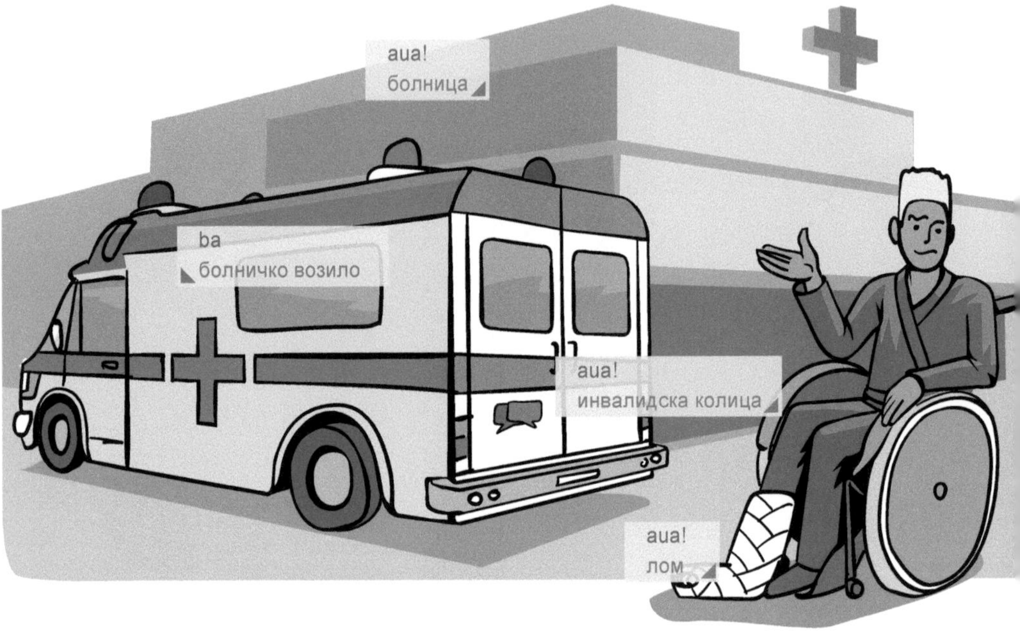

aua!
....
лекар

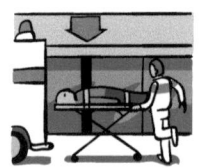

aua!
....
хитна медицинска служба

aua!
....
медицинска сестра

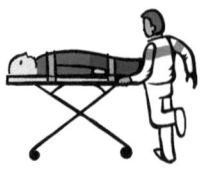

aua!
....
хитни случај

aua!
....
несвест

dadababa
....
бол

aua!

повреда

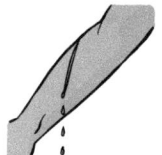

dadadada

крварење

aua!

срчани удар

aua!

удар

dadababa

алергија

aua!

кашаљ

aua!

грозница

aua!

грипа

aua!

пролив

aua!

главобоља

aua!

рак

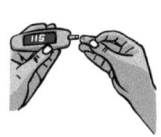

aua!

дијабетес

aua!

хирург

aua!

скалпел

aua!

операција

aua!

цт

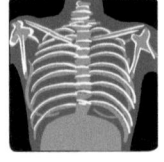

aua!

рентген

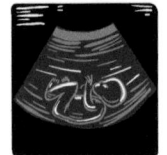

aua!

ултразвук

aua!

маска

aua!

болест

aua!

чекаона

aua!

штака

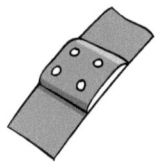

aua!

фластер

dadababa

завој

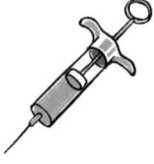

aua!

ињекција

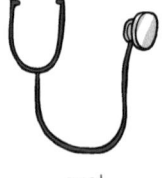

aua!

стетоскоп

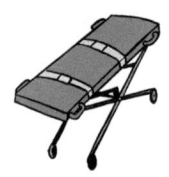

aua!

носила

aua!

термометар

aua! bebi!

рођење

aua!

прекомерна тежина

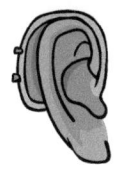

aua!

слушни апарат

aua!

средство за дезинфекцију

aua!

инфекција

aua!

вирус

aua!

хив / аидс

aua!

медицина

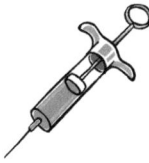

aua!

вакцинација

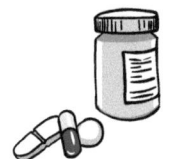

aua!

таблете

dadaba

пилула

aua!

хитни позив

aua!

уређај за мерење
притиска

da / ba

болесно / здраво

aua!

помоћ!

aua!

аларм

aua!

насртај

aua!

напад

aua!

опасност

dadadada

излаз у случају нужде

dadaba

пожар!

dadaba

противпожарни апарат

aua! aua!

незгода

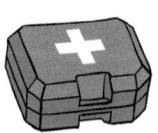

aua!

кутија прве помоћи

baba

сос

dadadada

полиција

badada

Европа

dadaba

Северна Америка

dadababa

Јужна Америка

dadaba

Африка

dadaba

Азија

babababa

Аустралија

badada

Атлантик

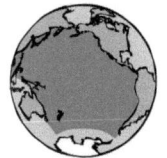

dadaba

Пацифик

baba

Индијски океан

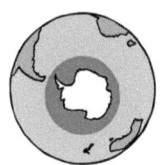

bababa

Антарктички океан

dadababa

Арктички океан

bababa

Северни рол

dadababa

Јужни рол

dadaba

Антарктик

dada

земља

dadaba

земља

badada

море

dadadada

оток

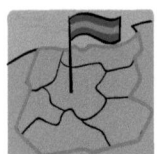

dadadada

нација

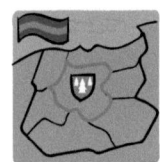

dadababa

држава

baba

бројчаник сата

babadada

сатна казаљка

baba

минутна казаљка

bababa

секундна казаљка

dadababa

Колико је сати?

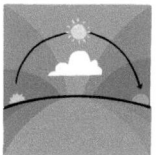

babadada

дан

dada

време

baba

сада

dadababa

дигитални сат

dadababa

минута

bababa

час

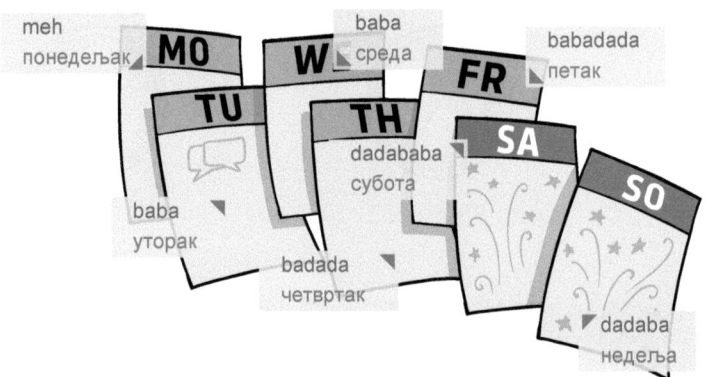

meh
понедељак

baba
среда

babadada
петак

baba
уторак

dadababa
субота

badada
четвртак

dadaba
недеља

dadadada

јуче

dadababa

данас

dadaba

сутра

baba

јутро

baba

подне

dadadada

вече

dada

радни дани

baba

викенд

dadababa
киша

dadaba
дуга

kalt
снег

dadadada
ветар

dadadada
пролеће

babada
лето

bababa
јесен

kalt
зима

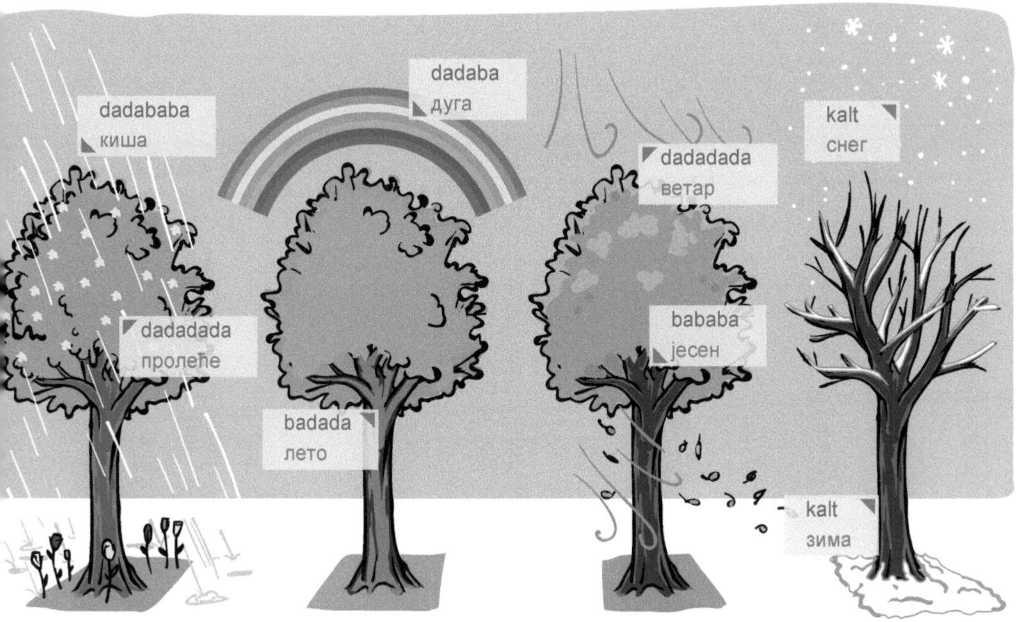

dadababa

метеоролошка прогноза

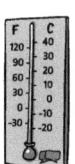

bababa

термометар

ba

сунчана светлост

baba

облак

dadadada

магла

dada

влажност ваздуха

dadababa
....
муња

dada
....
грмљавина

badada
....
олуја

dadababa
....
туча

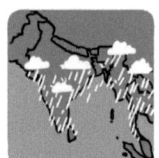

bababa
....
монсун

dadaba
....
поплава

dadadada
....
лед

dadaba
....
јануар

dadaba
....
фебруар

bababa
....
март

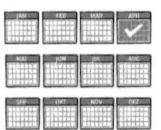

dadadada
....
април

dadadada
....
мај

babababa
....
јуни

baba
....
јули

bababa
....
август

dadaba - година

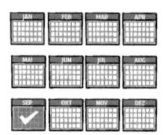

dadadada

септембар

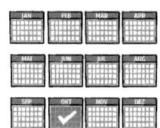

badada

октобар

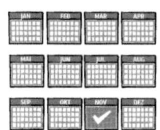

dadababa

новембар

baba

децембар

dadababa
облици

baba

круг

badada

квадрат

dadababa

правоугао

babababa

троугао

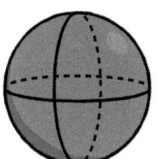

dadadada

кугла

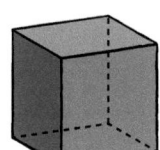

babababa

коцка

dadababa

бела

babababa

жута

baba

наранџаста

dadadada

ружичаста

babadada

црвена

dadababa

љубичаста

dadadada

плава

ba

зелена

baba

смеђа

bababa

сива

badada

црна

da / ba

много / мало

da / ba

љутито / мирно

da / ba

лепо / ружно

da / ba

почетак / крај

da / ba

велико / малено

da / ba

светло / тамно

da / ba

брат / сестра

da / ba

чисто / прљаво

da / bada

потпуно / непотпуно

da / ba

дан / ноћ

da / ba

мртво / живо

da / ba

широко / уско

da / ba

јестиво / нејестиво

da / ba

зло / добро

ba / ba

узбуђено / досадно

da / ba

дебело / мршаво

ba / ba

на почетку / на крају

da / bada

пријатељ / непријатељ

da / ba

пуно / празно

da / ba

тврдо / мекано

da / ba

тешко / лагано

da / bada

глад / жеђ

da / ba

болесно / здраво

da / ba

илегално / легално

da / ba

паметно / глупо

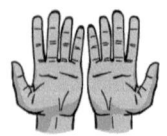

ba / ba

лево / десно

da / ba

близу / далеко

da / bada

ново / половно

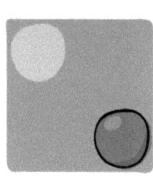

da / ba

ништа / нешто

ba / ba

старо / младо

da / ba

укључено / искључено

da / ba

отворено / затворено

da / ba

тихо / гласно

ba / ba

богато / сиромашно

da / ba

тачно / погрешно

da / ba

храпаво / глатко

ba / ba

тужно / сретно

da / ba

кратко / дуго

da / ba

полако / брзо

da / bada

мокро / сухо

da / bada

топло / хладно

da / ba

рат / мир

dadadada - супротности

0

dada

нула

1

a

један

2

ba

два

3

da ba da

три

4

badabada

четири

5

dadababa

пет

6

dadaba

шест

7

badada

седам

8

dadababa

осам

9

dadaba

девет

10

dadadada

десет

11

badada

једанаест

12

baba

дванаест

13

bababa

тринаест

14

baba

четрнаест

15

babadada

петнаест

16

dadababa

шестнаест

17

babababa

седамнаест

18

dadababa

осамнаест

19

bababa

деветнаест

20

dadababa

двадесет

100

baba

стотину

1.000

baba

хиљаду

1.000.000

dadababa

милион

dadaba - бројеви

baba

енглески

babadada

амерички енглески

dadababa

мандарински кинески

ba

хиндски

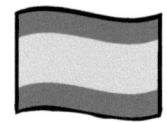

badada

шпански

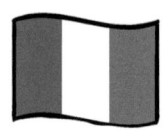

ohlala

француски

babadada

арапски

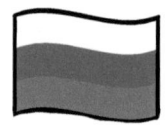

dadaba

руски

dada

португалски

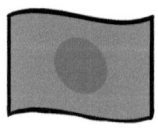

dadadada

бенгалски

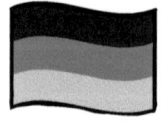

badada

немачки

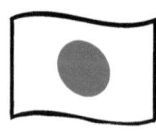

dadadada

јапански

a
ja

dadadada
ти

da / da / da
он / она / оно

o ba ma
ми

babababa
ви

baba
они

dadadada
Ко?

dadadada
Шта?

baba
Како?

babababa
Где?

babadada
Када?

dadaba
име

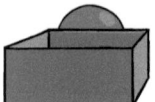

baba

иза

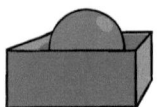

dadaba

у

baba

испред

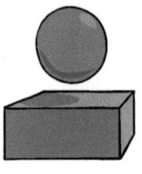

ba

преко

baba

на

dadababa

испод

babababa

поред

ba

између

dada

место